梭罗 THOREAU
再见瓦尔登湖

[法] 勒罗伊 —— 编 [法] 达恩 —— 绘

陈晓琳 —— 译

北京联合出版公司

感谢戈捷和马克斯为我提供靠近大自然母亲的住所。我们从未如此迫切地把心血投注在梭罗身上——这个被电影《死亡诗社》和《荒野生存》多次提到的梭罗。此书献给我的两个小宝贝和他们无穷无尽的耐心。现在，我们差不多可以开始"汲取生活的精华"了。

A.达恩

献给普丽西拉和马克桑斯。

M.勒罗伊

前言

在欧洲，梭罗的名字对于普通人来说可能还有些陌生。作为"公民不服从"理论之父，亨利·戴维·梭罗更多的是在战斗和政治领域为世人所熟知。"公民不服从"理论主张个人或潜在的集体在发现某种权利（或某项法令、某条法律等）不合理或趋向独裁时，通过拒绝服从的方式对其表达异议。具体到梭罗本人，他反对当时在美国通行的奴隶制度，以及由美国挑起的美墨战争。正因如此，他的名字被十分可惜地与几个简单的标签画上了等号：人们从来都是用"和平主义"、"非暴力"这样的词来赞颂他，简言之，就是将他定位成了一个安静的，甚至是无害的思想家。然而，这位曾经"图谋反抗国家"[1]，考虑过"摧毁社会体制"[2]的人真的像后人认为的那样只是个"温和的空想家"吗？在认真研究梭罗的作品和传记后，我们就会发觉这个论断是站不住脚的。

作为哲学家、作家和诗人，梭罗认为一种思想只有在现实生活中得到具体有效的应用才能发挥其价值。对着一些知识分子或专家天马行空、纸上谈兵？他对此完全不感兴趣。梭罗的作品并不是要读者去雕琢几个只适合被图书馆收藏的概念，而是在邀请他们把一种"哲学性的思考"融入日常生活中。他的书是为那些想要占有它的人而准备的。因此，我们怀着占有某种思想时所产生的那种谦卑感，希望和众多读者一起分享他的作品。2010年4月，为了写作本书，我远赴美国——特别到了马萨诸塞州——去探访梭罗生活过的地方。之后，A.达恩——他在生物学和动物生态学方面所接受过的教育与梭罗的自然主义情怀不谋而合——为我的讲述赋予了生命。

如果说众多名人对梭罗做出评价都不够权威，那我们还是可以提起下面两个人：圣雄甘地在狱中阅读了梭罗的作品，从此将其奉为"精神导师"[3]；马丁·路德·金宣称，在反对那针对非裔美国人的种族隔离制度的过程中，自己一直在用行动实践梭罗的主张。生态学家、环保人士、反军国主义者、反全球化人士、经济去增长拥护者、反殖民主义者、极端自由主义者……无数倔强地坚持着理想的人都从梭罗的作品中，从这位生于1817年的美国人的一生中找到了反抗各种压迫和不公的武器。

我们可以将梭罗定位为"无政府主义者"吗？革命者埃玛·戈德曼[4]将其形容为北美历史上"最伟大的"[5]无政府主义者；历史学家米歇尔·拉贡[6]在其著作《无政府主义百科全书》[7]中用几页的篇幅介绍了他；诺尔芒·巴亚尔容[8]也在他的论文《从秩序中除去权力——无政府主义的历史与现状》[9]中提到了他。相反的，哲学家米歇尔·翁弗雷[10]却对此持否定态度，他认为梭罗不是无政府主义者，而是一位"绝对自由主义者"。这是为什么呢？翁弗雷认为，无政府主义者信奉"19世纪进步主义"的准则，然而绝对自由主义者是从不迎合任何准则的。[11]好了，还是让我们不要再理会对这个问题的争论了，毕竟，是无政府主义者还是绝对自由主义者，这又有什么关系呢？重要的是，梭罗反抗他那个时代的压迫和奴役，并和前人一样，用言语升起了自己的旗帜，告诉别人：世上还有别的路可走，有别的选择可做。

当一个人的生活与其思想息息相关时，传记可以为我们打开新的天地，让我们得以窥见关于生活的种种可能性。不管是从哲学、政治还是艺术的角度来看，传记始终是一种能为我们这个时代所用的工具。它并不能取代对作品的直接认识，但却为我们探索实际境遇提供了一叶理论的扁舟。只有这样，梭罗才能完好无损地保存他的颠覆性能力。反对社会及组成社会之个人的过度商品化，反对无节制的生产与增长，反对寡头势力对民主空间的统治，反对资本和金融对各民族独立与主权的控制，反对帝国主义不断地出兵远征而不受任何惩罚……不管话题是什么，梭罗的作品总有言可行。

光有愤怒，已经不够。

M.勒罗伊

---

1 Michel Granger. Henry David Thoreau. Belin, 1998：84
2 Michel Granger. Résistance au gouvernement civil et autres textes. Le mot et le reste, 2011：14
3 La voie de la non-violence. Folio, 2006：104
4 埃玛·戈德曼（Emma Goldman, 1869—1940）：美国无政府主义者、反战主义者、女权主义者。——编注
5 Anarchism：what it really stands for, Anarchism and Other Essays. BiblioBazaar, 50
6 米歇尔·拉贡（Michel Ragon, 1924— ）：法国作家、艺术史学家、无产阶级文学史学家、无政府主义历史学家、极端自由主义人士。——编注
7 Albin Michel 出版社，2008
8 诺尔芒·巴亚尔容（Normand Baillargeon, 1958— ）：加拿大魁北克评论作家、无政府工团主义积极分子、专栏作家。——编注
9 Agone 出版社，2001, 2008
10 米歇尔·翁弗雷（Michel Onfray, 1959— ）：法国哲学家、评论作家，思想多受尼采、伊壁鸠鲁、犬儒主义学派等影响。——编注
11 Les radicalités existentielles. Grasset, 2009：171

梭罗还有瓦尔登的森林——而那片可以证明人类能够脱离社会的固定形式而自由生活的森林，如今又在何方呢？

我不得不承认，这样的森林无处可寻。眼下，如果我想要自由地生活，那我只能满足于生活在这些固定形式的内部。所以说，世界比我更强大。我能用来与它的权力相抗衡的，只有我自己——但从另一个角度来看，这个"我"也不容小觑。因为，只要我尚未被数量压垮，我也自有我的威力。只要我能够用自己话语的力量抵抗世界话语的力量，我就有了可怕的能力，因为建造监狱的人总说不过建造自由的人。

斯蒂格·达格曼[1]

---

[1] 斯蒂格·达格曼（Stig Dagerman，1923—1954）：20世纪40年代瑞典最重要的作家之一，极端自由主义者、记者。瑞典斯蒂格·达格曼学会于1996年创立了斯蒂格·达格曼奖，用以表彰对言论自由和不同文化间相互理解做出贡献的个人或团体。——编注

这就是我生活的地方：一片未经探索的、广阔的实验之地……

1 第欧根尼（Diogenes，约公元前412—前323）：古希腊哲学家，生于锡诺普（Sinope，现属土耳其），犬儒学派代表人物。——编注

我追求的是丰富的人生，
我要汲取生活的所有精华，
坚定地、刻苦地活着，
摒弃生活不需要的一切……

至少比起那些不得不从
外界，从社会和戏院里寻找
生活乐趣的人来说，
我的生活方式更有意义！

对于我来说，生活本身就是乐趣所在 我的每一天都是崭新的。

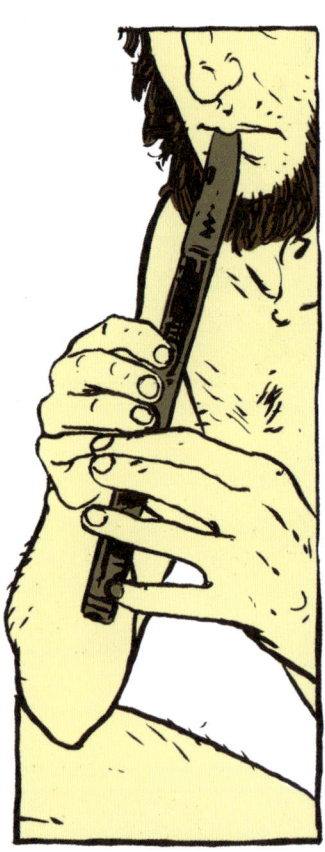

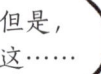

1851年

随信附上您第一本书的销售情况：已售225册，赠予25册，待售706册。

此致敬礼！

2 即《逃亡奴隶法案》。

1853年9月

如果一个人出于对大自然的热爱而到森林里漫步……

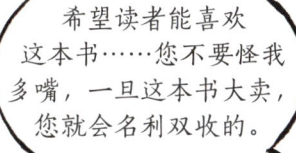

我对这一带很了解,这片森林的另一头有好几个湖泊。

你是怎么辨别方向的?

我有很多种方法!

说说看……

有时,我会看那座山冈的两侧,它的北面和南面有很大区别……

我还会看哪边的阳光最刺眼。我知道那些粗大的树枝都是朝南长的。有时我还会观察岩石。

假设我在深夜偷偷把你从这儿带到千里外的森林里,然后把你放下,让你原地快速转二十圈,你还能找回这里吗?

哦,当然!

如果换做是你就不行喽。这就是我们和白人间的巨大区别!

嗯……　　一种蕨菜……

嗨，亨利！您太客气了，还来看我这个家里的老朋友！

我顺路过来看看您，这算不上什么。

"臭名昭著的罪犯约翰·布朗在抢占哈珀斯费里的联邦军火库时被海军陆战队逮捕，和他一起被捕的还有十余名同伙，其中包括多名潜逃的奴隶。约翰·布朗将于10月27日在弗吉尼亚法庭受审。"

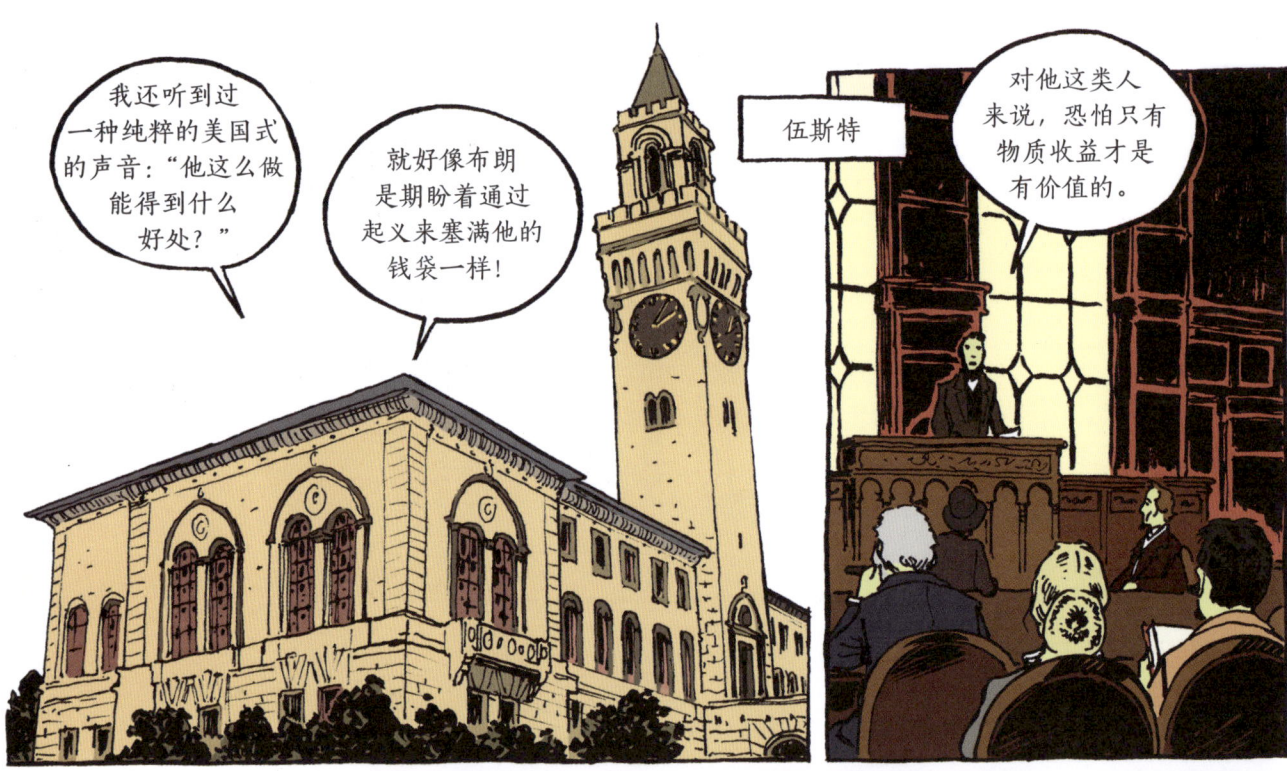

3 指美国南北战争。

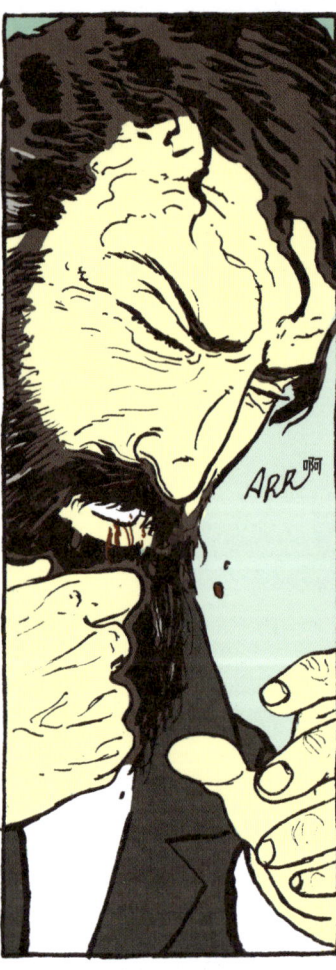
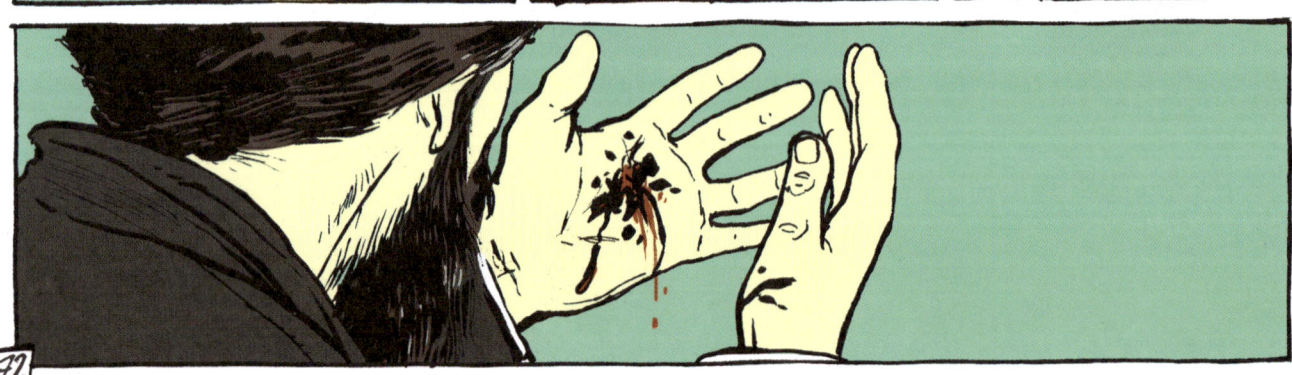

现在请到林中漫步,勇敢地投入到最神奇的冒险中……

……请登上那些山冈。

A.达恩 & M.勒罗伊
2012年4月

奴隶制于1865年在美国被废除。

梭罗——今日的哲学家

马克西米利安·勒罗伊对里昂大学名誉教授、19世纪美国文学专家米歇尔·格朗若的采访

马克西米利安·勒罗伊： 在为一本梭罗文集（《非暴力抵抗政府及其他文章》[1]）所写的引言中，您更多的将梭罗描述为不问政治的"中立人士"，而梭罗对权力和执政当局敬而远之的态度又使世人多将其归入无政府主义者的行列。虽然我们不能笼统地将他看成一个激进的无政府主义分子，但就我看来，梭罗的思想观念的确有这一倾向。您对此有何看法？

米歇尔·格朗若： 实际上，梭罗的作品"用途"广泛，读者可以从不同角度分析，从而得出不同的结论。纵观这位作家、哲学家、自然主义者的一生，我们不难发现，梭罗对权力机构和权力行使的关注是很有节制的。是对奴隶制度的反对促使他开始反思个人与政府之间的关系：面对有悖于普世道德观的法律，个体应该如何抉择？面对这个问题，梭罗首先想到的符合道德规范的答案是，对待不公正的行为要有反抗意识，表现在行动上就是拒不参与。

梭罗家族故居，这位文人逝世于此
本页上图：梭罗肖像，藏于康科德图书馆

在主张废奴十余年后，梭罗意识到联邦政府和南方奴隶制拥护者的联合反而加强了。面对这样的形势，梭罗开始考虑一些更激进的反抗手段，然而即便如此，他也从未参与到任何战斗行动中。梭罗是一个有原则的人，在寻求更好的政治制度的过程中，他永远首先是一个以道德观点考虑问题的哲学家，其次才是一个普通公民。梭罗坚决抵制制度和法律干涉个人自由，这样的主张为他这个"异端分子"的思想蒙上了一层极端自由主义的色彩。但不要忘了，梭罗懂得在面对国家时要保持理性，并且满足于要求建立一个"就当下来说"更好的政府。还要知道的是，大多数时候，梭罗都不愿让对国家政治的忧虑侵扰了自己的精神世界，这种想法体现在：为了将更多精力投入到他的挚爱——大自然中，他很少关注时政新闻。他为反抗奴隶制做出的几个尝试只构成了他所有作为中极小的一部分，虽然有时人们唯一能记住的，还是他于1846年入狱一夜那个传奇事件，而且这一事件还成了与不公正法律做斗争的典范。

无论是在代表作《瓦尔登湖》还是在《梭罗日记》中，梭罗都在试图定义这样一种生活：它是美好的、自给自足的、甘愿简朴的、抵制金钱和消费的。作为一个满怀热情的自然主义者，梭罗非常喜欢在他出生的村子几千米范围内描绘自己对自然的感受。每当置身于树林中，他喜欢说："在这里就看不到政府了。"不过，在生命的最后阶段，他认为为了保护大自然，应当由市政当局采取行动来限制森林私有化，并对砍伐森林进行管制。就这样，政治还是被悄然引进了他的《梭罗日记》。

马克西米利安·勒罗伊： 您在引言中提到，其实梭罗在他的作品中从未使用过"公民不服从"这个表达方式（对于这个词的出处，学术界也存在争议，有人说这个词实际上出自于梭罗的出版商，不过可能是此人在梭罗早前的书信中翻找到的）。此外您还表示，相对于"公民不服从"，您觉得"反抗意识"和"抵抗"这类提法更能体现梭罗的主张。这是为什么呢？

米歇尔·格朗若： 对于这本文集，普林斯顿大学在其出版的版本中直接采用了梭罗论文的原始题目——非暴力抵抗政府，因为没有足够的证据表明作者曾经希望更改这个题目。当然，梭罗的确提到过"不服从"这个概念，但从未使用过"公民不服从"这个表达方式。既然如此，那人们为什么一定要把梭罗认作是这一理论的代表呢？"公民不服从"理念确实是梭罗在19世纪40年代思想的写照，他曾在那一期间用拒绝纳税的方式反对奴隶制，以此表明他不

---

[1] Résistance au gouvernement civil et autres textes. Le mot et le reste, 2011

梭罗在瓦尔登湖畔的小木屋被按照原貌修复

愿供养一个拥护奴隶制的政府。他还把因此入狱一夜的事写成了文章,毫无疑问,这是一篇既有功效又值得铭记的文章。但是,人们为什么要把梭罗固定在这种不服从的姿态中而忘记了他到19世纪50年代中期——如果可以这么说的话——就完全改变了原来的观点和策略呢?这一改变突出地表现在他为废奴主义者约翰·布朗辩护期间,后者主张用暴力手段废除奴隶制,并发动了奴隶武装起义。那么梭罗被视为"公民不服从"的代表是不是因为美国当局更愿意从这个"森林中的哲学家"身上看到一个只满足于拒付几美元的无害形象呢(对于拒绝纳税一事,政府甚至是在默许多年后才采取行动的)?政府选择只让人们记住他是一个呼吁道德至上的、采用非暴力手段来表达不满的"不服从"者,而不是那个在演讲中接受武装抵抗主张的"反叛者"。

梭罗的生活用品,现存于康科德博物馆

如果我们能考虑到梭罗的思想在他生命最后十年间的演变,能仔细琢磨其关键思想的含义,就不难得出结论:"抵抗"这个词能够更有力、更忠实地表达梭罗的立场。

马克西米利安·勒罗伊: 在本书的序言中,我曾提到过人们对梭罗思想的"误读"。毫无恶意地,人们把他描绘成一个过分温柔的轻率的人、卢梭思想幼稚的信徒或是新时代的佛教徒——此外,这三者还与当今西方都市的布波族对"禅"的追捧不谋而合。而您强调梭罗对"武装抵抗"的支持,告诉我们梭罗作为改良主义的敌人,不可能归顺在非暴力的大旗下。那么造成这种误读的原因是什么呢?

米歇尔·格朗若: 虽然近几年来,人们更多地把梭罗看作是哲学家和政治思想家,但我们应该明确,梭罗首先是一个文人。他在《梭罗日记》中就明确表示,写作才是自己的职业。他的代表作,在1847年至1854年间创作并反复修改的《瓦尔登湖》也力证了他对充满诗意的文字的热爱。

梭罗并不是一个理论家,也不是任何一个哲学流派的奠基人;他更像是一位视野广阔的作家,在不断摸索中寻求新的发现,并用平实的语言通过作品将其展现出来。如果我们只是快速浏览他的作品来寻找支撑自己对其判断的证明,而且完全不顾他作品多样的风格和其中众多的暗示,那我们就只能看到一个被众人以不同原因强行归类、定性的梭罗。相反的,如果我们细读他的作品,如《马萨诸塞州的奴隶制》,就会发现他写过:"对于草菅人命的政府","不由自主地开始密谋反抗它",此时的梭罗与他给人的非暴力形象就大相径庭了。当然,他对"武装抵抗"的捍卫也是有理性、有条件的,正如他在文章中写到的:"我会考虑到某些时机……"

我们不能忽略梭罗提出他的主张的历史背景。在19世纪40年代,他曾经试图通过有限的不服从手段呼吁政府和拥护奴隶制的民众关注这项制度的不合理;而当1854年局势变得紧张起来时,梭罗就放弃了平静的被动态度,转而开始采用激烈、暴力的言辞。

总之,梭罗的思想是复杂的、发展的,也是矛盾的、有煽动性的,而且它们之中有很多都源自作者的发言或演讲,因此读者只有反复推敲其文章才能准确理解其中的修辞,进而正确领会作者的意图。也只有这样,我们才能避免将梭罗的思想简化得只剩和他的初衷无甚关联的骨头架子。

马克西米利安·勒罗伊:您将梭罗描绘成一个"反现代化"的人,因为他拒绝追逐时尚,反对消费主义、科技革新、工业资本主义……如此种种在当今社会都会被视为"保守派"或"反动派"。不过,在社会主义和极端自由主义(或无政府主义)的理论中本就存在着部分保守主义的思想[2],即这些一心要保存商业大变革的成果的社会主义或极端自由主义人士所持的保守主义思想。其中,法国著名左翼社会经济学家保罗·阿利埃斯(Paul Ariès)就曾把商业大变革称之为"恶意的现代化"[3]。因此,从这个角度来说,我们似乎又不能将梭罗归为"保守派"之列。社会学家迈克尔·洛维(Michael löwy)和罗伯特·塞尔(Robert Sayre)在二人的著作《反抗与感伤》[4]中重新定义了"浪漫主义者"的概念——这类人会在对过往的回顾中产生对反抗和对未来的感伤。从这个角度看,我们能将梭罗视为浪漫主义者吗?

米歇尔·格朗若:这还需要深入分析这些观点,看看它们在哪些角度上是和梭罗的思想部分地相符的。不过我认为可以将梭罗视为一个"反现代化"的人。但是不同之处在于,梭罗十分关注19世纪的科技进步,因为只有这样,他才能更有效地抵御其带来的负面影响。梭罗的"反现代化"在于他不愿成为新技术发明的天真的奴隶,在他眼中,有些发明充其量只是玩具而已。

这一点从梭罗对待"火车"的态度上就可以得到印证。梭罗一方面十分肯定它在方便城镇居民出行方面的积极作用,另一方面又质疑这种高速交通工具对市民生活带来的冲击。梭罗还极力反对对金钱和科技进步的盲目崇拜。此外,他对追逐时尚的现象也颇有微词,因为在他看来,追逐时尚损害了消费者的判断力和批判精神。在他的

家乡康科德镇,梭罗尽情享受着平静的乡村生活,与大自然亲密接触,他担心这种田园牧歌式的生活被来势汹汹的商业、工业化和城市化所破坏。不过他并没有因为对祥和生活的热爱而摒弃思想的自由、放弃对自我的完善。在从不是为出版而写作的《梭罗日记》中,梭罗就强烈鞭笞了束缚思想、阻碍进步的宗教教义。在

梭罗安葬于康科德镇的沉睡谷公墓

为废奴所做的抗争中,梭罗坚决反对墨守成规的政府及其办事机构。有零散的资料表明,梭罗也十分关心工人阶级恶劣的工作环境。而且,虽然他一生中从未加入过任何政党或者社会组织,但事实上他是一位积极投身于社会的进步人士(所以说,梭罗并不是反动分子)。更值得注意的是,梭罗对自然持续不断的、有条不紊的观察,一方面让他形成了明确的环境保护意识,这种在当今盛行的意识在当时是十分具有进步意义的;另一方面也让他对当时在哈佛还在流行的"自然发生"、"偶然发生"等概念提出质疑,可以说早在1860年,梭罗就已经准备要站在达尔文进化论的一边了。

康科德市中心

马克西米利安·勒罗伊:在麦卡锡主义盛行的年代,梭罗的《非暴力抵抗政府》一度从某些图书馆下架,此后的一段时间,他的作品还被认为具有"反美"倾向。然而,您在题为《亨利·戴维·梭罗:离群索居的矛盾体》[5]的文章中指出,梭罗已然成为"美国文化的符号";您还提到时任美国总统比尔·克林顿曾亲自造访瓦尔登湖,为以梭罗名字命名的研究所揭幕……那么在您看来,为什么像梭罗这样的"反政府"人士反而可以成为现行社会制度的标杆呢?

---

2 英国作家和记者乔治·奥威尔(George Orwell)是其中的代表人之一。
3 La Simplicité volontaire contre le mythe de l'abondance. La Découverte, 2011: 149
4 Révolte et mélancolie. Payot, 1992

5 Henry David Thoreau, Paradoxes d'excentrique. Belin, 1999

米歇尔·格朗若： 关于这个看似矛盾的现象有很多种解释。其中之一就是，这是由美国文化的特殊性所决定的：美国人很善于从与其思想基础相左的观点中汲取其积极的一面，并且为己所用。作为拒绝因循守旧的激进派和政治体系的批判者，梭罗最希望成为的却只有两种人，其一是"好市民"——即使他把大量时间用在漫步原野、观察鸟类和倾听蛙鸣上，但他还是会帮助父亲料理铅笔厂的生意并在当地市镇担任土地测量员；另一是"支持废奴的市民"——就像新英格兰的众多改革者一样。

除去围剿麦卡锡主义者的那段时间，当时的美国并没有受到过什么实质性的威胁，所以美国人乐于从梭罗这样的"反政府"人士身上汲取积极的一面。而其中更主要的原因是，梭罗这个对现行制度不满的反抗者能够把他在瓦尔登湖畔独居的生活体验分享给人们。他自己建造小木屋，在森林中离群索居（事实上，他的双亲就居住在两公里以外的城镇中）的举动在当时极具先驱意义。这种鲁滨孙式的美国传奇故事大大迎合了美国推崇自由的文化理念：他在有意识的简朴中得到了极大的自由，他和大自然的亲密交流令美国人向往，让他们忘却了建立起这种交流的方式的缺失。20世纪60年代，在民权运动和以"权力归花儿"为口号的美国反文化运动的推广下，梭罗的影响力更是达到了顶峰，他被民主人士奉为偶像，被视为美国特定社会文化形象的代表。因此，梭罗同时成了普通大众的崇拜者和知识分子精英阶层在文化领域的崇拜者，几乎每个美国人都知道梭罗的名字。美国学校的课本中一直都收录着《瓦尔登湖》的选段，即便学生们在课后不一定会从头到尾阅读这部著作。他的家乡康科德镇是美国独立战争的发源地之一，克林顿总统到此纪念梭罗的根本用意，想必也是为了强化其崇尚自由民主的理念，而并不是为了褒奖他曾经揭露和批判了美国人民的因循守旧和美国法律的不公正。

梭罗半身像，现存于康科德图书馆

马克西米利安·勒罗伊： 我们知道圣雄甘地和马丁·路德·金等政治领袖都受到过梭罗的影响，也知道美国年轻人是受到梭罗思想的启发而拒绝参加侵略越南的帝国主义战争。但另一方面，一些女权运动却指责梭罗是蔑视女性的男权主义者。那么，梭罗和女性的关系到底如何呢？

米歇尔·格朗若： 梭罗和女性的关系可以说非常有限……相传他曾经对一位年轻女士有过爱慕之心，但是这个姑娘同时也是其兄长约翰·梭罗的倾慕对象。除去这段轶事，他的一生与女性鲜有交集。虽然在其传记中也曾提到过他与几位年长女士的交往，但是和他的兄弟姐妹一样，梭罗一生未婚。除了《梭罗日记》中的只言片语外，可以说他的出版作品中没有提到过女性。虽然梭罗一生都致力于打破偏见束缚、争取思想自由，但他似乎并不关注妇女权益的问题。在南北战争之前，争取妇女权益的运动就已经大范围地拉开了战场，在这种情况下他还保持缄默，恰恰印证了他对这个问题置身事外的态度。其实梭罗的社交圈子中就有好几位女权人士，比如著名新闻工作者玛格丽特·菲莱（Margaret Fuller），作为一位杰出的女权主义者，她同时是《19世纪的女性》（*Woman in the Nineteenth Century*，1845）一文的作者，先验主义者日报《日晷》（*The Dial*）的发行人和艾默生的朋友。所以说梭罗不可能没有机会听到这些朋友在妇女权益方面的诉求。总而言之，女性问题可以说是梭罗的一个盲点，是他的思想海洋未曾触及的领域。

不过值得庆幸的是，些许涉及女性的负面评论并没有掩盖其整体作品的光辉。在作品中，他赞扬简朴的生活，倡导抵抗愚弄思想的制度和传统；他详尽描绘新英格兰地区的自然风光，表达对生态保护的关注；他还引经据典，为大自然发表绝妙的辩护词（《瓦尔登湖》中的《读书》一章）。这些才是值得人们铭记的。

马克西米利安·勒罗伊： 梭罗是一个喜欢离群索居的人。您在书中提到，他崇尚个人行为，不愿参加集体行动。在您看来，他的这种想法存在哪些局限性呢？

米歇尔·格朗若： 梭罗的确是一个喜欢品味孤独的人。他将孤独视为崇高生活的必需品，还在《瓦尔登湖》的《孤独》一章中专门对它进行了赞颂。但是我们不要忘了，实际上除了在湖畔小木屋中独居的那两年外，他一生都是和家人住在一起的。而且，虽然在康科德的贵族和商人们眼中，梭罗是个顽固不化的异端分子，甚至是个脱离社会的边缘者，但事实上，从以艾默生为首的知识分子，到渔夫、猎人、农民和伐木工人，他与村里的许多居民都保持着持续的交往，这一点从《梭罗日记》中就可得到印证。尽管他为了表达对奴隶制的不满而拒绝纳税纯属个人行为，但他曾经多次帮助奴隶逃亡加拿大的事实证明了他与当时的废奴主义斗士是有密切联系的。不仅如此，在认识到意识上的反抗完全无法影响联邦政府后，他参加了几次废奴主义者的集会，并且于1854、1859和1860年发表过五六次呼吁废奴的演讲。不过，梭罗确实从未加入过任何改革者组织或政治党派，因为他对由人组成的群体向来不抱任何的期望。梭罗把正直的、有原则的、个体的人放在他思想和行为的核心位置，这一个体拒绝妥协，坚持通过纯粹的个人力量而非群体行为去实现理想。这点是否体现了梭罗思想的局限性呢？如果是把以夺取权力、强制变革为目的的群体政治行为作为评判标准，那么梭罗的"个人主义"理念就是失败的，它不可能达到既定目标，因为强烈的言辞并不足以打败当时奴隶制根深蒂固的美国南方。然而，如果我们视文字本身为一种追求个人理想的行为模式，那么从这个角度说，梭罗的个人努力无疑是成功的，他的《瓦尔登湖》和其他一些随笔十几年来一直不间断地激励着那些民权运动者、环保主义者和崇尚极简生活的人们。

前人的思想和观点常常被用来警示后人，或者映射当前社会的变化，成为改革人士的理论根据。如今，梭罗的思想，尤其是他对个人抵抗行为的提倡，重新吸引了大众的目光，这恰恰说明人们认为他的观点可以为当今社会的行动方式带来启发。如果梭罗没有英年早逝的话，他也许已经将《梭罗日记》中提到的一些主张形成提案，比如，将自然（优美的自然景观，森林等）作为公有财产加以保护，同时撤销个人所有者对自然资源的所有权，并交由当地市镇统一管理。如果是这样，人们也许会赋予梭罗一个新名词：旷达的个人主义，即个人主义的理念和公共财产由集体管理的主张共存。

马克西米利安·勒罗伊： 为了将全书的重心集中在展示梭罗的政治立场方面，我在创作过程中有意回避了有关"超验主义"的问题（也没有在书中提及爱默生）。您提到过梭罗曾从这一哲学流派中汲取营养，那么，作为对本次采访的总结，您能谈一谈梭罗与超验主义这一哲学思想的联系吗？

米歇尔·格朗若： 通常情况下，为梭罗的思想贴上任何标签都是不可取的，也不应该把他限定在某一思想流派的条条框框中，然而有关超验主义的问题却是一个例外，因为梭罗本人曾亲自要求将自己归入超验主义流派。曾经有一个科学促进协会邀请梭罗加入，但他谢绝了。对此，他在1853年的日记中做出了解释：作为一位"热爱自然的神秘主义者、超验主义者和哲学家"，在一群科学家中间他会感到不自在。虽然梭罗是一位深谙达尔文进化论的自然主义者，但他却刻意与科学领域保持着距离，选择追随爱默生唯心主义思想的脚步，努力探寻自然与精神世界的联系：他始终希望自己能最终感受到自然表象之外存在着的"真理"，一种证明世界万物和谐统一的隐秘的绝对

梭罗在瓦尔登湖畔的小木屋内部

瓦尔登湖

概念。梭罗不认同自然科学对这一概念过于干瘪贫瘠的领悟，因为这种领悟有悖于他所持有的将自然界和神视为同一的泛神论思想。虽然我们毫不否认爱默生和其他超验主义知识分子对梭罗产生的深远影响，但在美国哲学史这一特定领域之外，我们不应过分强调他思想中的超验主义因素，因为，梭罗有关超验主义哲学的言论大多出自于他刚从哈佛大学毕业的一段时间内，当时他深受爱默生的影响，这点从他当时发表的文章中即可得到印证。

人们应该更多地将目光投向梭罗成熟后的阶段，也就是他在瓦尔登湖畔的独居（1845—1847年）结束之后的阶段，那时他已敢于打破束缚，许多先进的思想开始成型：这部分思想恰恰是最值得我们在如今的时代中加以讨论的，是最能够洗涤我们的心灵的。除去对于陈旧的超验主义的意义，梭罗的作品留给我们的批判性的现实意义在于，他向我们描绘了这样一个人：他在自然中获得了新生，能够做自己人生道路的主人；他反对人云亦云，反抗不公正的政治制度和宗教的伪善，拒绝日渐盛行的拜金主义和无休止地劳作。而这一切都是为了向世人呼吁一种简单的、快乐的生活方式，这种生活使人从消费主义的大潮中解脱出来，让人停止对自然资源的无节制开采。一个半世纪以后，在经济危机席卷全球、生态问题日益严重的今日，梭罗这些极具预言性的主张让我们开始关注文明的进步所带来的危害，促使我们做出取舍。

米歇尔·格朗若（Michel Granger），里昂大学名誉教授、19世纪美国文学专家，研究对象为"美国文艺复兴"[6]时期的重要作家，主要包括霍桑、梅尔维尔和梭罗。关于梭罗，他主编了《埃尔纳名人文集——梭罗卷》(Cahier de l'Herne-Henry D. Thoreau, L'Herne出版社, 1994年)，发表了专题论文《亨利·戴维·梭罗: 离群索居的矛盾体》(Henry D. Thoreau. Paradoxes d'excentrique, Belin出版社, 1999年)，并长期致力于梭罗文集法语版的编辑和出版工作，其中包括《梭罗随笔集》(Essais)、《瓦尔登湖》(Walden)、《非暴力抵抗政府及其他文章》(Résistance au gouvernement civil et autres textes)、《梭罗日记》(Journal)等。

---

6 即 American Renaissance，指内战之前美国的文学繁荣时期。这次文艺复兴以爱默生（Ralph Waldo Emerson）、梭罗、霍桑（Nathaniel Hawthorne），以及梅尔维尔（Herman Melville）的作品为代表。——编注

作者简介

马克西米利安·勒罗伊（Maximilien Le Roy），1985年生于巴黎，法国漫画家。勒罗伊从2004年开始潜心于以政治、哲学、历史及社会为主题的漫画创作，2009年出版了自己的第一部作品，至今已有十余部作品问世。他曾四度游历巴勒斯坦，并创作了一系列与之相关的漫画作品，如《加沙，大海中的漂泊之城》（*Gaza, un pavé dans la mer*）、《狭路》（*Les chemins de traverse*）、《逃离》（*Faire le Mur*）、《巴勒斯坦，无处为家》（*Palestine, dans quel Etat?*）等。自2011年起，勒罗伊潜心于漫画的文字创作，鲜少亲自绘制。2012年，讲述印度支那战争中逃兵的故事的《黑夜中响起自由的音符》（*Dans la nuit la liberté nous écoute*）获安古兰漫画节"官方选择奖"，但他在博客中表明自己并不在乎奖项，因为他认为创作的目的不是竞赛。

A. 达恩（A. Dan），于1970年生于法国图卢兹，从事生物学研究多年后，为重拾儿时的梦想，毅然转投绘画领域，画作多以野生动物、花草树木和自然风光为主题。在漫画创作方面，达恩非常注重作品的精神内涵，认为好的漫画应该故事性和思想性兼备。他绘制的漫画皆属此类，如反映阿尔及利亚独自战争的《阿尔及利亚万岁》（*Vive l'Algérie*）和讲述一战后面部受伤者命运的《幸福微光》（*Pour un peu de Bonheur*）。他在阿尔及尔和勒罗伊相识，两人一拍即合，而后共同创作了本书。

图书在版编目（CIP）数据

梭罗：再见瓦尔登湖 /（法）勒罗伊编；（法）达恩绘；陈晓琳译 . — 北京：北京联合出版公司，2017.1
ISBN 978-7-5502-9324-3

Ⅰ. ①梭… Ⅱ. ①勒… ②达… ③陈… Ⅲ. ①梭罗（Thoreau, Henry David 1817-1862）—生平事迹—图集
Ⅳ. ① K837.125.6-64

中国版本图书馆 CIP 数据核字 (2016) 第 303184 号

La vie sublime–Thoreau
© ÉDITIONS DU LOMBARD (DARGAUD–LOMBARD S.A.) 2012, by A. Dan, LE ROY
www.lelombard.com
All rights reserved
本作品简体中文版由 欧漫达高文化传媒（上海）有限公司 DARGAUD GROUP (SHANGHAI) CO. LTD. 授权出版
Simplified Chinese translation edition published by Ginkgo (Beijing) Book Co., Ltd
本书中文简体版出版权归属于银杏树下（北京）图书有限责任公司

梭罗：再见瓦尔登湖

编　　剧：[法]勒罗伊
绘　　画：[法]达恩
译　　者：陈晓琳
选题策划：后浪出版公司
出版统筹：吴兴元
特约编辑：李　悦
责任编辑：张　萌
营销推广：ONEBOOK
装帧制造：墨白空间·曾艺豪

北京联合出版公司出版
（北京市西城区德外大街 83 号楼 9 层　100088）
北京盛通印刷股份有限公司印刷　新华书店经销
字数 18 千字　889 毫米 ×1194 毫米　1/16　5.5 印张　插页 8
2017 年 3 月第 1 版　2017 年 3 月第 1 次印刷
ISBN 978-7-5502-9324-3
定价：68.00 元

后浪出版咨询（北京）有限责任公司 常年法律顾问：北京大成律师事务所　周天晖 copyright@hinabook.com
未经许可，不得以任何方式复制或抄袭本书部分或全部内容
版权所有，侵权必究
本书若有质量问题，请与本公司图书销售中心联系调换。电话：010-64010019